# UNIQUE ORIGINE

## DES

# ROIS DE FRANCE,

## TOUS ISSUS

## D'UNE MÊME DYNASTIE;

OUVRAGE UTILE AUX VRAIS FRANÇAIS, ET A TOUS CEUX QUI AIMENT LA VÉRITÉ,

Dans lequel on a joint des réflexions sur le Philosophisme et sur le rétablissement de l'AUTEL et DU TRÔNE;

### PAR J. C. DE BÉVY,

Prêtre Bénéd. de la C. de S. Maur, Historiographe de France; de la Société royale et des Antiquaires de Londres, des Académies royale et imp. des Sc., Inscrip. et Bel. Let. de Bruxelles, de Richemont en Virginie, de Toulouse, etc.

*Tu elegisti me in regem populo tuo, et judicem filiorum tuorum et filiarunt.* SAPIENT., cap. 9, v. 7.

## A PARIS,

Chez VAUQUELIN, Libraire – Commissionnaire, quai des Grands-Augustins, n°. 11.

1814.

# DISCOURS PRÉLIMINAIRE.

En 1790, je croyais pouvoir profiter de la liberté de la presse ; je fis un Mémoire qui prouvait que les illustres races de Valois et de Bourbon, descendans de St.-Louis, n'étaient pas plus des races ou dynasties que celles des Capétiens et des Carlovingiens ; que ces quatre races n'étaient que des branches qui descendaient en ligne directe de Mérovée, comme celle de Clovis ; que les rois du royaume des Francs, ou des Mérovingiens, ne tenaient leur royaume que de Dieu et de leur épée ; que leurs enfans héritaient de leur royaume à l'exclusion des femmes, selon la loi salique, qui a toujours été observée jusqu'à présent ; enfin que les rois des Francs ont toujours été juges suprêmes et souverains législateurs, et qu'ils n'avaient d'autres juges que Dieu.

Mon infidèle libraire livra mon Mémoire à Necker et à Mirabeau. Ces deux citoyens prouvèrent que la liberté de la presse n'était que pour les factieux. Ils me firent arrêter deux fois, et porter à la lanterne par plus de 400 citoyens déguenillés qui se disaient peuple souverain, que Necker payait 3 et 6 fr. par jour, selon leur degré de férocité.

Obligé de m'expatrier pour me soustraire à la persécution, je partis le 11 mars 1791, avec un passe-port du Roi, signé *Louis*, et plus bas, *Montmorin*, et un de la municipalité, signé *Perron*, pour aller en Angleterre. Je portais avec moi une partie de mes manuscrits, entre autres l'Histoire de la Noblesse héréditaire de France et des royaumes de l'Europe, avec les preuves que l'illustre maison royale de Bourbon descendait de Mérovée. Je communiquai mon manuscrit à mylord Lauwborroug, grand-chancellier d'Angleterre ; à MM. André Stuart et Lomisden. Ces trois savans me témoignèrent leur satisfaction de mon travail, et y ajoutèrent des notes pour donner plus de poids à ce qui concernait les trois royaumes d'Angleterre. Je le fis imprimer la même année (1). En 1797, le gouvernement d'Angleterre me chargea de mettre les papiers d'état en ordre, comme j'avais mis ceux de la chambre des comptes de Paris.

En 1802, le citoyen premier consul et les citoyens ses collègues, rappelèrent les gens de lettres et les prêtres. Leur arrêté portait : « que les » prêtres n'étaient sorti du territoire français que » pour obéir à la loi de déportation, ou pour » éviter la cruelle persecution qui pesait sur leur » tête ; qu'en conséquence, tout prêtre qui re- » viendrait en France, s'il était sur la liste des » émigrés, serait rayé, et qu'on lui rendrait les » biens qui n'étaient pas vendus. » L'ambassadeur de France, M. Otto, m'engagea à retourner, que n'étant pas émigré, je jouirais en France de la même considération dont je jouissais en Angleterre. Il me donna un passe-port de citoyen français pour habiter partout où je voudrais. Le commissaire de Calais garda mon passe-port pour l'envoyer à la police de Paris, et m'en donna un duplicata pour me servir au besoin.

En 1803, je redemandai une pension viagère sur la ville. Le citoyen grand-juge me donna des espérances. Trois mois après, on me demande à la police avec mon passe-port ; je le présente, on me le garde ; on me demanda si j'avais prêté serment de haine aux rois ; je répondis qu'un

---

(1) J'en envoyai 400 exemplaires en France, qui ont été brûlés par les mains des factieux révoltés ; mais j'ai été dédommagé en recevant les lettres de félicitations de tous les souverains de l'Europe à qui j'en avais envoyé des exemplaires.

-chrétien n'avait de haine contre personne, que je respectais trop les personnes sacrées des rois pour les haïr. On me dit que le Roi de France était mort. S'il est mort, je ne dois pas haïr les morts. Vous ne savez donc pas, Messieurs, que le Roi de France ne meurt jamais; et après tout, Messieurs, voilà bien des raisons : eh! dans six mois vous serez plus mal; vous aurez un empereur. Alors on me dit que j'étais un émigré contre-révolutionnaire, que j'avais des relations avec les Bourbons. On me mit en prison, au secret, pour la première fois de ma vie; ensuite on m'exila pendant quatre mois. On me laissa revenir à Paris. Le grand-juge, qui alors était qualifié d'excellence, me dit que j'avais tous les droits possibles, mais qu'il n'y avait pas de justice; et un autre me dit qu'on ne rendait rien aux prêtres. Après avoir échappé aux poignards des assassins, et dépensé 1200 francs, on me donna la liberté de mourir de faim. Sans le duc de Feltre, qui avait été décrété comme noble (1) et attaché aux Bourbons, j'aurais été réduit à la dernière des misères. Il a toujours eu soin de mettre en place tous les gentilshommes ruinés par la révolution, et soulagé les prêtres.

-----

(1) Son extérieur, ses manières nobles, relevées par une éducation soignée dont il profita. Il protégeait les malheureux. La jalousie des parvenus, qui n'épargne jamais les calomnies contre la noblesse, disait qu'il était de la classe des nobles; en conséquence, suspect aux révolutionnaires. En cela ils avaient raison : son nom de Clarke n'était que le nom maternel. En 1300, le chevalier sir Simon Woodchurch épousa Suzanne Clarke, fille unique et riche héritière du chevalier Henri Clarke, descendant de Francis Clarke, venu, en 1060, en Angleterre avec Guillaume-le-Conquérant. Il prit le nom de Clarke, *alias* Woodchurch. Son véritable nom paternel est Woodchurch, dont les ancêtres descendent d'une des plus illustres familles des Anglo-Saxons.

Actuellement que notre Roi légitime est rétabli, non pas par les hommes, mais par la justice divine ; je crois qu'il est de mon devoir de désabuser son peuple, à qui on a fait croire, sans aucun fondement, qu'il y avait trois dynasties en France, tandis qu'il est prouvé qu'il n'y en a jamais eu qu'une. Les vrais Français doivent être fiers d'être gouvernés par le prince le plus illustre de l'Europe.

Aussi le pape S. Grégoire-le-Grand écrivait en ces termes à Childebert II, roi d'Austrasie : « Autant la dignité de roi élève au-dessus des » autres hommes celui qui la possède, autant la » qualité de roi de France élève au-dessus des » autres rois ceux qui en sont revêtus par leur » naissance. ».

# TABLE

## DES CHAPITRES.

# UNIQUE ORIGINE
# DES ROIS DE FRANCE.

## CHAPITRE PREMIER.

*Il n'y a qu'une seule dynastie et trois branches qui descendent toutes de Mérovée. Conquêtes de Clovis, et réunion des quatre tribus des Francs à celle des Saliens.*

### Première branche, Mérovingienne.

LE royaume de France a toujours été le domaine et la propriété des descendans de Mérovée, dit le Fort et le Hardi. Clovis, ayant conquis les Gaules et réuni le pouvoir que les Romains avaient sur les quatre royaumes que ses parens gouvernaient sous leur protection, s'institue avec raison roi du royaume des Francs ou des Mérovingiens, et ses enfans, en naissant, avaient la qualité de roi, partageaient ses Etats après sa mort en portions égales, ou les tiraient au sort. Ce partage fut fatal à la première branche de nos rois, qui ne dura que deux cent quarante ans, depuis qu'Honorius, après la mort des trois frères, Gennebaut II, Marcomir et Sunnon, leur donna, à la prière des Francs-Saliens, Théodomir, fils de Ricémer, consul romain, connu sous le nom de *Richomeres*, le plus proche parent des trois frères défunts (1).

### Deuxième branche, Carlovingienne.

La seconde branche, descendue de Clodéric, fils de Sigebert-le-Boiteux, et petit-fils de Mérovée, ne régna que deux cent trente-sept ans, parce que Charlemagne et ses descendans laissèrent continuer ce fatal partage entre les enfans.

_____

(1) *Voyez* page 3o, à la note.

### *Troisième branche, Capétienne.*

La troisième branche, qui descend de Childebrand, frère de Charles-Martel, existe depuis huit cent vingt-neuf ans, parce que Hugues-le-Grand, qui voulait faire passer la couronne sur la tête de son fils, surnommé Capet, fit décider, en 954, dans une assemblée des grands du royaume, que la couronne serait héréditaire de mâle en mâle par droit de primogéniture, à l'exclusion des femmes; c'est ce qui a toujours été pratiqué jusqu'à nos jours.

Charlemagne dit, à la tête de ses capitulaires, que Dieu avait toujours protégé le royaume des Francs, qui avait été jusqu'à lui sans hérésie. Malheureusement les hérésies se sont succédées jusqu'à nos jours. Le philosophisme, qui a toujours été le plus cruel et le plus opiniâtre ennemi du christianisme, (1) nous berçait depuis plus de soixante ans, que nous serions bientôt gouvernés par la philosophie et la raison. O règne déplorable, règne de la sottise et du délire! tous les crimes ont inondé la France.

Par un prodige inouï, Dieu nous a conservé et rendu notre auguste roi, descendu de Mérovée de même que les Carlovingiens. Imitons les Anglais, qui, tous les ans, solemnisent le martyre de Charles I et le retour de Charles II : que le 3 de mai fasse époque chez nous ; que le jour de l'invention de la sainte Croix soit une fête annuelle et solemnelle ; que dans toutes les églises du royaume on fête le martyre de Louis XVI et de toutes les victimes de la scélérate révolution , et que tous les bons et véritables Français rendent des actions de grâces au Dieu tout-puissant, de leur avoir rendu leur légitime roi, leur père, auguste par son illustre naissance, et tous nos princes, qui ont été si long-tems à l'école de l'adversité, de les avoir préservés du fer des assassins régicides. Nous nous souviendrons surtout de Madame Royale, qui, comme Daniel, n'était entourée que de lions rugissans, fille de martyrs et de la fille

---

(1) Mézeray, Hist. de France avant Clovis, p. 477.

des César, que Dieu ne nous a conservée que pour nous donner le plus parfait modèle de patience et de vertu. Notre bon roi et nos illustres princes nous donneront l'exemple de la piété qu'exige la religion de nos ancêtres. Nous verrons avec plaisir sur leurs monnaies : CHRISTUS REGNAT. VINCIT IMPERAT.

Nous avons avancé que nos rois de la troisième branche descendaient de Mérovée, dit le Fort et le Hardi ; que Clovis a réuni sur sa tête les quatre royaumes établis dans les Gaules, gouvernés par quatre rois ses parens, sous le titre de *subreguli* ou rois soumis aux Romains ; en voici la preuve.

Mérovée, petit-fils de Théodomire, eut trois fils, 1°. Childéric, qui eut de Bazine, fille de Bazin, roi de Thuringe, Clovis ; 2°. Sigebert, roi des Ripuaires, et un troisième dont le nom est inconnu, qui eût trois fils dont nous parlerons ci-après.

Clovis était âgé de quinze ans lorsqu'il succéda à son père, en 481. Comme son aïeul, il avait été élevé par des officiers romains, et parlait la langue latine. Il partit des bords du Danube pour faire la conquête des Gaules, de même que Mérovée, selon Sédoin Apollinaire. Il débarqua à Cologne après cinq ans de préparatifs, et s'être assuré des Gaulois qui l'attendaient. En 486, il arriva devant Soissons, où Siagricus l'attendait avec le peu de troupes romaines destinées à la défense des Gaules. Les Francs l'attaquèrent avec leur impétuosité ordinaire. Le général romain fut mis en fuite, et laissa le champ de bataille à Clovis, qui força le roi des Goths à lui remettre le général à qui il avait donné retraite. Il lui fit trancher la tête.

Clovis traita les Gaulois avec la plus grande humanité. Il laissa à ses nouveaux sujets les trois choses nécessaires qui lui attachèrent pour toujours les Gaulois sans crainte de révoltes : leur religion, leurs lois, la sûreté des personnes et des propriétés. Il fit plus ; il les déchargea des impôts onéreux dont les accablaient les Romains. Comme les Gaules étaient aux deux tiers ruinées et dévastées par les ravages des Barbares, ce prince se réserva les biens du fisc, annexés à la maison des empereurs ; et des deux tiers incultes ; il les partagea en trois parties. De la première, il en fit des aleux, qu'il alloua à ses Francs, sous condition du service militaire ; biens qui passaient également aux hommes comme aux femmes. De la seconde, il en créa des bénéfices militaires, qu'il distribua à ses officiers nobles et gentils, pour rendre la justice gratis dans leurs départemens. De la troisième, il en forma des manses létiques, pour la solde des soldats, à condition du cens décimal que les Romains avaient établi.

En 491, il épousa Clotilde, princesse aussi illustre par sa piété, que par sa naissance, à qui il promit d'embrasser le christianisme. En 493, il combattit les Allemands à Tolbiac, près de Cologne. Voyant ses troupes plier, il eut recours au Dieu de Clotilde. Par un prodige inoui, son armée se rallie, et remporte une victoire complète. Pour tenir les Allemands en respect, il envoya une colonie de ses Francs sur le Mein, dont le pays a retenu d'eux le nom de Franconie, jusqu'à présent. Clovis fut baptisé à Reims, par saint Remi, avec une grande partie de son armée. Ce grand roi chrétien étendit ses conquêtes au-delà du Vahal et du Rhin ; il soumit les Armoriques. Lui et les rois de France furent toujours appelés les fils aînés de l'Eglise, parce que Clovis était le seul roi catholique en Europe.

En 507, il gagna la célèbre bataille de Vouillé, près de Poitiers, contre le roi Alaric, qu'il tua de sa main. Il est le premier des rois Francs qui remporta les dépouilles opimes. Clotaire II, en 617, l'imita en tuant Bertoald, duc des Saxons.

En 509, il confia le commandement de son armée à Clodoric, son cousin-germain, fils de Sigebert-le-Boîteux. Ce traître se laissa battre par Théodoric, seul échec que ce grand roi reçut en sa vie.

En 510, Anastase, empereur d'Orient, étonné des conquêtes de Clovis, recherche son amitié. Il était à Tours, où ses ambassadeurs lui offrirent les ornemens de Patricice, de Consul et d'Auguste. Ce prince hésitait de les recevoir. Saint Remi, son premier conseiller, l'engagea à s'en revêtir, et lui conseilla d'envoyer à Rome une couronne d'or, appelée *regnum*, et de la faire déposer sur le tombeau des apôtres saints Pierre et Paul, en protestant qu'il ne devait son royaume qu'à Dieu et à son épée, et qu'il ne reconnaissait d'autre supérieur sur la terre, que Dieu.

En 510, Clovis choisit Paris pour la capitale de son empire. La même année, trois petits rois, appelés par les auteurs romains *Subreguli*, rois soumis, qui régnaient sous la protection des empereurs romains, Renacaire, roi des Lètes-Francs-Chamoves, dont la capitale était Cambrai, en celte *Camérix*; le second était Cararic, roi des Francs-Cattes et Canénifates, dont parle Tacite, appelés aussi Moririns, parce qu'ils étaient établis sur les côtes de la mer, dont la capitale était Terouane, en latin *Teruana-morini*, que Charles-Quint fit raser en 1552; le troisième, Rignomer, roi des Francs-Attuariens, dont la ville capitale était le Mans : ces trois rois, jaloux de la puissance de Clovis, qui, par sa conquête, avait succédé au droit des empereurs romains, s'étaient ligués pour détrôner leur parent et leur supérieur. Leurs sujets se plaignirent à Clovis, de ce que ces rois se laissaient gouverner par des ministres de la lie du peuple, qui s'engraissaient de leurs dépouilles. Ils présentèrent les deux premiers, liés et garottés, à ce prince, qui, indigné de leur lâcheté, les mit lui-même à mort. Il ordonna de renfermer le troisième, avec son fils, dans un monastère. Ayant appris leur menace de se venger, il ordonna de leur trancher la tête.

La même année, Clodéric fit assassiner, dans une forêt, son père Sigebert-le-Boiteux, vieillard respectable. Clovis ordonna de mettre à mort ce fils parricide, et ses sujets se soumirent avec joie à Clovis. Ce grand roi ayant réuni ces quatre tribus de Francs à celle des Francs-Saliens, s'intitula roi des royaumes des Francs, ou du royaume des Mérovingiens. Ce prince, qui fut un exemple de fidélité pour la vertueuse Clotilde, décéda le 6 mars à Paris, à l'âge de quarante-cinq ans, la trentième année de son règne. Il fut inhumé dans l'église de Sainte-Geneviève, qu'il avait fait bâtir sous l'invocation des apôtres saints Pierre et Paul, et ses quatre fils partagèrent entre eux le royaume des Francs, qu'ils appelaient aussi le royaume des Mérovingiens.

# CHAPITRE II.

## *Tige de la seconde branche mérovingienne, dite carlienne ou carlovingienne.*

Le prince Mundéric, fils de Clodéric, se fit reconnaître roi dans un petit Etat qu'il avait en Auvergne, et reçut le serment de fidélité de ses sujets. Thierry l'ayant appris, fit dire à Mundéric de le venir trouver, qu'il lui donnerait ce qui lui appartiendrait dans son royaume. Mundéric se doute de l'artifice, il s'enferme avec son armée dans le château de Vitri en Pertois, auprès de Châlons-sur-Marne. Le septième jour Arégisile, un des capitaines du roi Thierry, s'introduit dans la place, persuade à ce prince de se rendre. Il lui fait serment, sur un autel, que lui et ses enfans seront bien reçus du roi. Mundéric fut à peine sorti de la place, qu'il vit donner le signal de sa mort ; d'un coup de javeline il renverse le perfide Arégisile mort à ses pieds, et, l'épée à la main, il extermine la plus grande partie de ses assassins. Il expire couvert de blessures, prouvant, par cette généreuse défense, qu'il était digne du sang de Mérovée, qui coulait dans ses veines (1). Ses deux fils, Gondulphe et Bodégisile, se réfugièrent à la cour de Clotaire I<sup>er</sup>., où ils furent élevés dans le palais de ce prince. Gondulphe, l'aîné, fut évêque de Tongres. Bodégisile, duc en Austrasie, tint un rang considérable à la cour du roi Théodebert, et fut père de saint Arnould. La vie de Gondulphe, composée et dédiée, en 626, à saint Arnould son neveu, prouve la vérité du fait.

Saint Arnould fut domestique (commensal) et surintendant des rois Théodebert II, de Clotaire II, leur ministre d'Etat, gouverneur de six provinces et du roi Dagobert I<sup>er</sup>., et évêque de Metz. Après avoir exercé de grands emplois avec honneur et distinction, il quitta

_________

(1) Grég. Turon, an. 532, lib. 3, cap. 4. Aimon, lib. cap. 4. an. 532.

la cour et son évêché, au grand regret du roi et de son clergé, pour mener une vie solitaire dans les déserts des Vosges, où il mourut en 647. Son corps reposait dans une châsse d'argent, dans l'abbaye de St.-Arnould de Metz. Cette châsse avait été faite en 1167. Sur le chapiteau on voyait gravés les portraits et les noms des rois mérovingiens ses ancétres; mais la révolution, dans son délire, détruisit ce précieux monument. Au concile tenu à Reims, en 630, Flodoard le nomme le premier, avant tous les évêques et archevêques de cette assemblée.

De sa femme Doda, qui se retira dans un monastère aussitôt qu'il fut élu évêque, il eut deux fils, Clodulphe, évêque de Metz, et Ansigise.

Ansigise fut commensal ou domestique du roi Sigebert II, maire de son palais; dignité, dit Eginard, qui n'était donnée qu'à ceux qui, par leur bien et leur naissance, étaient élevés au-dessus des autres. En 647, il fut assassiné par Godouin, son filleul, qu'il avait comblé de bienfaits. De sa femme Bégua, fille de Pepin, l'ancien duc et maire d'Austrasie, qui institua les béguines et se retira avec elles après la mort de son mari, il eut Pepin de Héristal, ou le Hardi.

Pepin, maire du palais des rois de France et d'Austrasie, surnommé le Hardi parce qu'il avait tué Godouin, l'assassin de son père, seul et au milieu des siens, et qu'il avait donné plusieurs autres preuves de son courage. Il eut deux fils, qui lui survécurent, Childebrand, tige de la troisième branche des rois du royaume des Francs ou des Mérovingiens, né de Plectrude, sa première femme; et d'Alpaïde, sa seconde, Charles Martel, père de Pepin-le-Bref, et aïeul de Charlemagne.

Pepin-le-Bref ne fut élevé sur le trône qu'en vertu de son origine de race royale, et qu'il descendait de Mérovée et des rois Francs-Saliens. Si on s'en rapporte à la réponse du pape Zacharie, qui dit que pour ne pas interrompre l'ordre de la succession royale, les Français devaient élever sur le trône, Pepin. Pierre-le-Bibliothécaire dit que ce prince était de la race des Mérovingiens. Adémar, moine de Saint-Cibar d'Angoulême, assure que les Français, pour ne pas troubler l'ordre

de la succession royale, élurent Pepin, qui était prince
du sang royal de France. Les annales de Saint-Bertin,
et celles de France, disent que Pepin fut élu selon la
coutume des Français, de n'élever sur le trône qu'un
prince de la maison royale, du côté des mâles. La
chronique de Metz dit qu'après la mort de Childéric,
Pepin régna.

Charles I<sup>er</sup>. son fils, comme descendant du même
sang que Clovis, qui laissa à ses héritiers le titre de fils
aîné de l'Eglise, parce qu'il était le seul roi orthodoxe;
Charles, qui ne fut appelé Grand qu'après sa mort,
protégea et défendit le Saint-Siége, comme firent tous
les rois de France.

Louis V, roi de France, succéda à son père Lothaire,
le 2 mars 986; il se rendit maître de la ville de Reims.
Le commencement de son règne fut signalé par beau-
coup de valeur : c'est donc à tort qu'il fut surnommé le
Fainéant. Il mourut le 21 mai 987, la seconde année
de son règne. Il fut inhumé dans l'église de Saint-Cor-
neille de Compiègne. Il n'eut point d'enfant de la reine
Blanche, fille du duc d'Aquitaine. Charles, duc de Lor-
raine, son oncle, était son légitime successeur; mais
comme les Français lui reprochaient sa lâcheté d'avoir
fait hommage de son duché à l'empereur Othon III, les
grands, assemblés à Noyon, déclarèrent Charles inca-
pable de succéder à la couronne, et élurent, pour roi
légitime, selon la loi et la coutume des Français, Hugues,
au mois de juin 987. Il fut sacré à Reims le 4 juillet suivant, par l'archevêque Adalberon.

## CHAPITRE III.

*Tige de la troisième branche des Mérovingiens,
dite Capétienne, sortie de Pepin d'Héristal,
petit-fils de saint Arnould.*

Childebrand I<sup>er</sup>., fils de Pepin d'Héristal, et frère
de Charles-Martel, est la tige de la troisième branche
de l'illustre race des Mérovingiens, connue sous le nom

de Capétienne. Childebrand était oncle du roi Pepin-le-Bref, père de Charlemagne Ier. (1)

Charles-Martel n'était pas bâtard, comme l'a faussement annoncé Flodoart. (2)

Childebrand eut pour fils Nebelong I, (3) qui eut *Théodebert* et Childebrand II. (4) Théodebert eut une fille nommée Ingeltrude, qui épousa Pepin, roi dA-quitaine, et Robert-le-Fort, dit Langevin. (5) Robert-le-Fort eut deux fils, Eudes et Robert, qui tous deux furent rois. (6)

Robert succéda à son père Robert-Langevin à la dignité d'abbé laïc de Saint-Martin de Tours. Hugues-le-Grand était fils de Robert, qui fut roi. (7)

---

*Preuves que Charles-Martel et Hugues Capet descendaient des Mérovingiens.*

(1) Charles-Martel, aïeul de Charlemagne, était fils de Pépin d'Héristal, petit-fils de saint Arnould ; il donna son nom à la seconde branche, dite Carlovingienne, comme Childebrand son frère l'est de la troisième branche, dite Capétienne.

(2) Childebrand était oncle du roi Pépin-le-Bref. « *Eo anno Pippinus dux commoto exercitu cum avonculo Childebrando duce*, etc. Frédég., part. III, Chron. an. 737.

(3) Charles-Martel n'était pas bâtard, comme l'a faussement avancé Flodoard. Frédégaire assure que Pépin épousa Alpaïde, dame noble. *Igitur præfatus Pippinus aliam duxit uxorem et elegantem nomine Alpheïdam, ex qua genuit filium, vocavitque nomen ejus linguâ propriâ Carolum*, id. ibid.

(4) Childebrand eut un fils nommé Nébelong I. *Illuster vir Childebrandus comes avunculus prædicti regis Pippini..... Ab hinc ab illustro viro Nebelongo filio ipsius Childebrandi*, Frédég. ad ann. 752.

(5) Nebelong I eut deux fils, Childebrand II et Théodebert. La charte de Pépin, premier roi d'Aquitaine, de l'an 835, prouve que Théodebert était fils de Nébelong I. Il y est dit.... *Etiam dictis clericis sub pretextu nostræ donationis ac pro incolumitate nostrâ uxorisque nostræ Ingeltrudæ regine....... Theodberti ac Nebelongi, comitum, patre et avo ejusdem Ingeltrudæ*, etc. Specil., t. 12, pag. 105.

(6) La charte de Childebrand II, en faveur de l'abbaye d'Iseure, prouve qu'il était frère de Théodebert..... *Et transfundo pro remedio animæ meæ, et chare conjugis domnanæ atque in cleemosina Eraldi, Frideluni, Feuderici, filiorum germani fratris mei Theodoberti.* Gall., Christ.

Childebrand II était fils de Nébelong I ; la même charte le prouve. *Childebrandus comes, pavens extremæ vocationis, cedo, cessumque perpetuum ut permancat volo quid quid in ipso vicaria, ysodeo infiseum habere et de genitore meo dibilongo comite.* Gall., Christ. *ibid.*

(7) Théodebert eut une fille nommée Ingeltrude, qui épousa Pepin,

Le roi Hugues Capet était fils de Hugues-le-Grand. (8)

Saint-Louis, neuvième roi de France, descendu en ligne directe et légitime de Hugues, dit Capet, surnom qu'on lui donna à cause de son génie et de sa

---

roi d'Aquitaine. 1º. La charte de Pepin porte : *Et Nebelongi patri et avo ejusdem Ingeltrude.* Specil., t. 12, p. 116. 2º. Eginard, en l'an 822, rapporte que l'empereur Louis-le-Débonnaire, avant son voyage, fit épouser Ingeltrude à son fils..... *Cùm tamen prius filiam Theodeberti comitis Madricensis in conjugem fecit accipere.* 3º. L'auteur de la Vie de saint Genoul dit, en parlant d'Ingeltrude : *Quam idem Pippinus uxorem duxit.* Dubouchet, preuve de la 2de. partie de la Vérit. Orig. de la 2e. et 3e. lignées de Franc., p 252.

Robert-le-Fort ou Langevin était un seul et même homme. Robert avait le nom de Fort à cause de sa valeur. Ce fut, selon Albéric-des-Trois-Fontaines, la raison qui lui fit donner la commission de défendre les bords de la Loire contre les Normands. « *Tamquam viro forti.* » Il fut nommé Langevin à cause du gouvernement de l'Anjou. Ceux qui ont voulu distinguer Langevin et le Fort sont obligés de convenir que le Fort fut tué à la bataille de Brissarte devant une église, qui est celle où périt Langevin en 866.

L'auteur de la Vie et translation de saint Genoul, en parlant du mariage de Robert avec Agane, dit : *Qui Robertus ad suæ nobilitatis excellentiam regalis etiam stemmatis per sororem adeptus erat consortia quam idem Dominus Pippinus uxorem duxit.* L'auteur de la Vie de saint Jacques l'Hermite dit formellement que Robert était de la race royale. « *Et regam genere ortus erat.* »

Tous les historiens s'accordent à dire que Robert occupait les premières dignités à la cour de Pepin, son beau-frère, et qu'il soutint le parti de Pepin II, son neveu, contre le roi Charles-le-Chauve. Il était donc fils de Théodebert, comte de Madric ; ce comté était une dépendance du comté de Vexin.

Robert-Langevin eut deux fils, Eudes et Robert. Robert avait succédé à Robert-Langevin à la dignité d'abbé laïc de Saint-Martin de Tours. Il s'explique ainsi dans une charte de l'an 897, en faveur de cet abbaye... « *In qua mercede gloriasum et à Deo electum regem dominum et seniorem nostrum ac germanum nostrum odomen... Dominum et genitorem nostrum gloriasum Robertum dum vixit in terris comitem et ejus loci abbatem.* Martyr., Turon, t. 1, pag. 56.

(8) Hugues-le-Grand était fils du roi Robert I. La charte du roi Robert II, en faveur de Saint-Magloire, prouve que Hugues-le-Grand, était fils de Robert I, qui fut roi..... *Quem dedit divæ memoriæ hugo avus noster æquivociqui nostri. Roberti filius.* Thessor., nov., t. 1, pag. 107.

Le roi Hugues, surnommé Capet, était fils de Hugues-le-Grand, suivant la même charte. Hugues Capet était père de Robert II..... *Quas pater noster beatæ memoriæ hugo rex ; nosque contulimus,* etc. Hugues, fils de Robert I, était l'aïeul de Robert II. *Quem dedit divæ memoriæ Hugo avus noster.* Donc Hugues-le-Sage, surnommé Capet, était fils de Hugues-le-Grand, qui descendait en ligne directe et légitime de Childebrand, fils de Pépin d'Héristal, petit-fils de Saint-Arnould, petit-fils de Munderic, qui était lui-même petit-fils de Sigebert-le-Boiteux, roi de Cologne, qui était fils de Mérovée et oncle du grand Clovis.

fermeté à tenir les deux ordres dans le devoir, et à renverser l'anarchie féodale qui rendait le peuple malheureux, et le quarante‑deuxième depuis le grand Clovis, fondateur de la monarchie française dans les Gaules. Robert, comte de Clermont, mari de Béatrix de Bourgogne, cinquième fils de Saint-Louis, est la tige de l'illustre maison de Bourbon qui règne aujourd'hui. Louis IX, en 1269, érigea le Bourbonnais en duché en faveur de son fils Robert; il lui donna la charte en prononçant ces paroles remarquables : *Vous serez le soutien de la couronne.* Le grand Henri IV, en 1589, trois cent vingt ans après, vérifia cette prédiction.

Si Pepin-le-Bref et Huges, dit *Capet*, n'eussent pas été du sang des Mérovingiens, les Français n'auraient pas souffert qu'ils régnassent sur eux; jamais étranger n'a régné sur les vrais Français; nom qu'ils tiennent de leurs rois.

Adalbéron, archevêque de Reims, le prouve. Dans son dialogue en vers présenté au roi Robert II en 1012, il dit votre père issu de la race la plus noble, descendue du sang des rois, la gloire des rois et des ducs, et le défenseur de la noblesse. (1). /

# CHAPITRE IV.

*Preuve que le royaume des descendans des rois Francs-Saliens, chefs de la plus noble et de la plus ancienne tribu des Francs ou des Mérovingiens, était leur héritage : et que leurs enfans mâles le partageaient comme leur propre héritage, à l'exclusion des femmes; qu'ils ne le tenaient que de Dieu et de leur épée, et qu'ils n'avaient d'autres juges sur la terre que Dieu même.*

En 807, Aaron Alrachidie, qui regardait Charlemagne comme le plus grand roi de l'Europe et le plus

___

(1) D. Bouq. Coll. Des Hist. de France, t. x, p. 69 et suiv.

sage législateur, pour lui témoigner son estime et lui demander son amitié , il lui envoya des présens magnifiques , et le patriarche de Jérusalem lui envoya en même tems les clefs du Saint-Sépulchre avec l'étentard, qui était d'une étoffe de soie rouge , bordée d'une frange d'or de cinq pouces , avec une croix brodée dans le milieu. Cet étendard était attaché à une traverse de bois doré , sur le manche d'une pique d'or d'environ huit pieds de haut. Charlemagne le porta à Saint-Denis, le déposa sur l'autel de l'abbaye, avec douze bézans d'or, en protestant qu'il ne reconnaissait sur la terre d'autre supérieur que Dieu , dont il tenait son royaume, et de son épée; et qu'il implorait la protection de Saint-Denis et de ses compagnons martyrs, pour le bien gouverner.

C'est la bannière qui fut dans la suite l'étendard du royaume de France, sous le nom d'*oriflamme*; elle succéda à la chappe de Saint-Martin, que les Mérovingiens portaient à la tête de leurs armées pendant la guerre. On la déposait dans une chambre du palais des rois, appelée en latin *capella*, chapelle, et le prêtre qui la gardait et portait, *capellanus*, chapelain. Cette chappe a été perdue pendant le règne des maires du palais. L'étendard du Saint - Sépulchre , après la féodalité, le remplaça. Louis VI , dit *le Gros* , a été le premier de sa branche qui l'a été chercher à Saint-Denis, sous le nom d'*oriflamme*.

# CHAPITRE V.

*Véritable constitution de la monarchie française.*

Sous les Mérovingiens et les descendans de Clovis , le royaume était héréditaire de mâle en mâle , à l'exclusion des femmes, et les enfans mâles se le partageaient comme leur héritage ; partage qui fut si fatal aux deux premières branches, et qui dura jusqu'en 954, que Hugues-le-Grand fit établir la loi que la couronne serait dorénavant héréditaire de mâle en mâle par droit de primogéniture , à l'exclusion des femmes : c'est ce qui a été heureusement pratiqué jusqu'à nos jours. Il est naturel d'en exclure les femmes, qui ne peuvent supporter les fatigues de la guerre, ni commander les troupes, ni rendre la justice.

Les rois ont toujours été souverains juges et suprêmes législateurs. Ils faisaient les lois dans leur conseil, qui étaient reçues dans l'assemblée des grands du royaume. Pour cet effet, ils en convoquaient une partie par lettres closes. Leur devoir était de s'y rendre, parce que c'était dans ces assemblées qu'ils étaient obligés de rendre compte de leur gestion. Il y avait aussi des échevins, appelés *scabins*, les plus anciens de la banlieue ou de l'arrondissement des villes, qui, avec les jurés, aidaient les ducs, comtes et vicomtes à rendre la justice; mais ils n'avaient que voix consultative, et non délibérative. Ce sont ces assemblées que les Anglo-Saxons appelaient *wittenagemot*, assemblées des sages. Ils appelaient toujours les membres *principes*, princes, *satrapæ*; gouverneurs, *optimates*; les meilleurs, excellens, *magnates*, grands qu'on qualifiait de votre grandeur, et *proceres* les plus remarquables, les premiers des provinces : les évêques et les abbés, parce qu'on y traitait des affaires de la religion aussi-bien que de celles d'Etat. Hume (1) dit qu'on est bien certain que les communes n'ont eu aucune part dans les gouvernemens établis par les Francs, les Bourguignons et les autres nations septentrionales.

Le capitulaire du roi Dagobert, de l'an 630, nous explique suffisamment comment les rois corrigeaient et rédigeaient les lois. Ce roi choisit quatre personnes illustres, savoir, *Claude, Chaudus, Indomagne* et *Agiluf*, pour réformer les anciens usages, et en faire une meilleure loi, qu'il donna par écrit à chaque nation. Ceci a été décrété par le roi, en présence de principaux seigneurs, pour tout le peuple chrétien établi dans le royaume des Mérovingiens (2). C'est de cette manière que Clovis I<sup>er</sup>., Thierri I<sup>er</sup>., Childebert et Clotaire les réformèrent. C'est ainsi que Charlemagne fit ses capitulaires. L'histoire ne

_______

(1) Hume, Hist. d'Angl., vol. 2, p. 13 et suiv.
(2) Balus, t. 1, an 630.

fait pas mention qu'aucune des lois ni des Mérovingiens, ni des branches Carlovingienne et Capétienne aient été contredites, mais qu'elles furent toutes reçues d'une voix unanime. Charlemagne dit que les bases de ses lois sont l'Ecriture-Sainte, les conciles et les pères, les capitulaires des rois ses ancêtres, et la loi romaine, la mère des lois qui gouvernent les humains.

Saint-Louis, un des plus grands rois qui aient gouverné les Français, a fait ses établissemens d'après les capitulaires de Charlemagne, et Louis XIV ses ordonnances d'après ces établissemens. C'est d'après ces deux monumens, qui sont des chefs-d'œuvres de législation, qu'on peut faire des lois solides. C'est la religion et les lois qui font la sûreté des sociétés.

## CHAPITRE VI.

*Comment un trône, fondé depuis plus de quatorze cents ans sur les bases les plus solides, a-t-il pu être renversé si subitement, et entraîner la chute de ceux de l'Europe?*

Le philosophisme, qui a toujours été l'ennemi le plus acharné et le plus cruel de la religion chrétienne (1), réuni avec les sectes, a opéré cette affreuse révolution, accompagnée de crimes et de sacriléges inconnus à toute l'antiquité.

En 1574, l'Ecosse était horriblement tourmentée par un forcené calviniste, appelé *Knox*, qui exterminait tous ceux qui refusaient d'embrasser sa doctrine, qu'il appelait *le S. Evangile*. La Reine Elisabeth demanda aux Ecossais quelle était la cause de ce désordre. Ils lui envoyèrent trois députés, le comte de *Morton*, *Petcarvin*, abbé de Domfermling, et *James Mac-Gille*, qui lui dirent que le peuple, ou plutôt les députés du peuple, étaient tout; qu'ils ont le droit de réprimander les rois, de les corriger, de les incarcérer, de les déposer, et même de les mettre à mort; *c'est la doctrine*

______
(1) *Fragilitas mortalitas in partes ista digessit.* Plin, lib. 2, caput 70. Mézerai, Hist. de France avant Clovis, p. 474 et suiv.

*de Calvin.* La reine, outrée d'une pareille doctrine, les chassa de sa présence, en leur disant : « Je ne vous ai pas mandé pour savoir quelle étoit la doctrine de Calvin, dont je ne fais pas plus de cas que de vous. » Elle les traita d'insolens, en leur signifiant que si ces troubles continuaient, ils en répondraient sur leur tête (1).

Condorcet, qui succéda à Jean-le-Rond d'Alembert au secrétariat de l'Académie française, dit, dans son discours de réception (2) : « L'*Europe* entière aura une obligation éternelle à Voltaire, d'avoir été le premier qui ait osé *attaquer le despotisme sacerdotal ; il fallait d'abord détruire celui-ci, pour ensuite détruire le despotisme royal.* »

En 1773, Louis XV, étant à son lever, entendit trois gentilshommes, dans l'embrasure d'une croisée, prononcer le nom d'*état.* La chemise à moitié passée, il se précipite sur l'un d'eux, en lui demandant ce qu'il disait. — Rien, sire. — J'ai entendu prononcer le mot d'*état* ; je veux que vous me disiez le sujet de votre conversation. — Sire, nous disions que dans les circonstances actuelles des choses, il serait nécessaire d'assembler les états. Ce Prince, aussi instruit qu'éclairé, qui dans son conseil donnait toujours le meilleur avis, répondit : « Je sais tous les maux que, depuis leur ins- » titution, les états ont toujours causés à la France ; » malheur au roi qui aura la faiblesse de les assembler! » il est perdu. Le premier qui sera assez osé de pro- » noncer ce mot en ma présence, encourra toute » mon indignation. »

Voici la réponse du grand Frédéric, Roi de Prusse, en 1777, à Voltaire, qui lui conseillait de s'emparer des biens ecclésiastiques de son royaume :

« Je vous remercie du beau projet de politique dont » vous me faites l'ouverture. Ce serait une chose à » exécuter, si je n'avais que vingt ans. Le pape et les » moines finiront sans doute. Leur chute ne sera pas

---

(1) Cambden, Ann. rerum anglic., hiber, etc., régnante Elisab., ann. 1545 ; Lond., 1615, part. 1, p. 190.

(2) Le duc de La Rochefoucault lui avait prêté une somme assez considérable. Lorsque ce seigneur redemanda cette somme, Condorcet le fit massacrer auprès de Gisors, entre sa femme et sa mère.

» *l'ouvrage de la raison* ; mais ils périront à mesure
» que les finances des grands potentats se dérangeront.

   » En France, quand on aura épuisé les espèces, on
» sera forcé de séculariser les couvens et les abbayes :
» cet exemple sera imité. On finira par avoir dans son
» royaume sa religion comme sa langue à part. Je ne
» fixe aucune époque à cette prophétie. Cependant il
» est probable qu'avant peu d'années les choses pren-
» dront le tour que je viens d'indiquer. Malheur au roi
» qui en donnera l'exemple ! (1) »

   Ce ne sont pas les rois qui en ont donné l'exemple,
c'est le philosophisme réuni aux autres sectes, qui toutes
sont sorties du manichéisme qui a paru en France en
1012 : c'est ce qui a engendré le jacobinisme, secte
aussi ennemie des trônes que de la religion et de l'ordre,
*quorum Deus venter est.*

## CHAPITRE VII.

*Moyens dont le philosophisme, réuni aux sectes,
se sont servi pour renverser le trône et la religion.*

Depuis plus de 60 ans avant notre affreuse révolution, toutes les brochures, les gazettes, les journaux
n'étaient remplis que de l'idée chimérique du bonheur
d'un peuple gouverné par le philosophisme et la raison.
Toutes les sociétés qu'on appelait du bon ton étaient
engouées du même désir ; tout le monde voulut être
philosophe, jusqu'aux petites-maîtresses. Après la mort
de Louis XV, la cour fut remplie de philosophes, qui
commencèrent par tourner en ridicule l'étiquette et les
cérémonies de la religion. Tout était à l'anglaise. On
allait dans ce royaume pour apprendre à penser (2) et

---

   (1) Fragment d'une lettre du roi de Prusse à Voltaire an 1777.
Extrait des Etrennes intéressantes des quatre parties du monde,
imprimées à Paris, en 1791 chez Langlois père et fils, rue du Mar-
ché-Palu-des-Champs, et rue Saint-Jacques.

   (2) En 1772, Louis XV étant à Choisy, le duc de Lauragais
vint lui faire sa cour. Il dit au roi qu'il venait d'Angleterre. Ce
prince lui demanda ce qu'il y avait été faire. Apprendre à penser,
sire. Les chevaux, sans doute, reprit le roi, et il lui tourna le dos
avec mépris.

philosopher. On singea aussi les Grecs. Ces philosophes trouvèrent moyen de faire nommer Neker, calviniste et républicain, contrôleur général. Pour empêcher les réclamations des bons Français attachés à la constitution du royaume, ils persuadèrent au roi de donner la liberté de conscience; et que, par cette action, il serait aussi grand et plus que Henri IV, que ce bon prince prenait pour modèle. Ces fourbes hypocrites ne savaient que trop que ce moyen avait fait proscrire la religion de leurs ancêtres en Angleterre.

Jacques Ier. l'avait refusé aux différentes sectes qui la demandaient; Charles Ier. et Charles II la refusèrent avec la même fermeté. Jacques II l'accorda à leur opiniâtre sollicitation. Aussitôt ils se récrièrent qu'il voulait rétablir la religion de leurs ancêtres pour les priver des biens de l'Eglise et des bons royalistes; il fut détrôné et la religion catholique proscrite. Le parlement donna une loi qui condamna tout prêtre papiste qui célébrerait la messe, et tous les assistans, à être pendus. Cette loi ne fut abrogée qu'en 1791.

Le philosophisme, qui s'était glissé dans tous les ordres et toutes les classes du royaume, commença par conseiller l'enlèvement des bleds, et par-là exciter des révoltes dans le royaume. Ensuite on exagera les dettes de l'Etat, que le contrôleur Néker augmenta encore par ses emprunts inconsidérés, dont il donnait 10 pour 100 sur trois têtes à ses compatriotes les Genevois. Il conseilla de donner du secours publiquement aux Américains, et laissa périr notre marine, afin que Louis XVI n'eût ni aucun moyen de défense, ni aucun allié lorsque la catastrophe qu'il méditait arriverait.

Enfin le parlement et la noblesse de la cour anglomane, qui désiraient les deux chambres; les philosophes et les sectes, qui voulaient avoir une république pour posséder des places, déterminent le roi à convoquer les états-généraux. Le roi les voulait selon la forme ordinaire; mais le rusé Néker doubla la représentation du tiers, malgré Sa Majesté. Le fourbe, avec l'argent du trésor public, fit nommer ceux qu'il désirait pour exécuter son projet de république. Il fit plus, il appela en France trente mille vagabonds de tous les états et royaumes voisins, qu'il fit camper dans les environs de Versailles et de Paris. Il désigna Versailles pour le lieu de cette assemblée, parce qu'il était sûr de toute la populace de Paris. Lorsque les états eurent l'audace de se parjurer en se déclarant assemblée nationale, contre la teneur des cahiers de leurs commettans, à qui ils avaient fait serment de ne pas outre-passer leurs ordres, Néker fit payer du trésor public les dix-huit fr. par jour que les provinces payaient à leurs députés.

Les Français, si avides de nouveautés, ont dû être satisfaits ; mais l'expérience leur a prouvé qu'on ne gagne rien au changement. Ils ont vu des députés parjures se déclarer hautement assemblée nationale, dépouiller le premier corps du royaume, sans s'inquiéter de la dette nationale ; faire fabriquer un papier-monnaie d'une valeur idéale pour s'enrichir. Ils commencèrent à former des sociétés de gens de rien pour acheter ses biens ; ils les rachetèrent de leurs mains, sachant que ces biens faisant partie du domaine des rois, qui sont toujours mineurs, étaient inaliénables. D'ailleurs c'était Mirabeau, qui avait une souscription de toutes les sectes pour faire dépouiller le clergé ; cet homme sans foi, qui disait que ceux du côté gauche n'avaient rien à craindre, parce que les honnêtes gens n'assassinaient pas. Pour avoir reproché à trente-trois membres de cette assemblée dépouillante qu'ils voulaient renverser le trône et se revêtir de ses dépouilles, mais qu'il n'en serait rien, parce qu'il allait les dévoiler aux yeux de l'univers (c'était le samedi 9 avril 1792), la nuit du mardi au mercredi suivant il expira empoisonné. On demanda des comptes à ces messieurs, ils répondirent qu'ils avaient dépouillé le clergé.

La seconde assemblée, appelée *législative*, n'a fait, comme la précédente, que des lois et des constitutions à coups de serpe, et les a fait recevoir au peuple à coups de baïonnette et de fusil.

La troisième, appelée *convention*, calquée d'après le fameux *convenant* d'Ecosse, composée de députés aussi impertinens que les trois députés que les Ecossais avaient envoyés à la reine Elisabeth, et qui auraient mérité, pour le bonheur de la France et de l'humanité, d'être chassés aussi ignominieusement que les députés d'Ecosse; mais qui l'aurait osé? tous les honnêtes gens s'étaient empressés de fuire ce repaire de brigands, qui se disaient députés du peuple, *qui était tout ;* qu'en cette qualité ils avaient le droit *de corriger les rois, de les déposer, de les incarcérer et de les mettre à mort.* Si la personne sacrée de notre roi était inviolable, comme ils l'avaient reconnu, quel droit avaient-ils sur lui? Nous, Français, nous avons toujours été persuadés et convaincus que nos rois n'avaient d'autre juge que Dieu, qui est la vérité même, comme nous l'apprend Grégoire de Tours (1), et l'Ecriture-Sainte, qui dit : Malheur à celui qui osera toucher à l'oint du seigneur! Nous avons en horreur la doctrine de Calvin. Nous, vrais et bons Français, nous respectons et suivons la doctrine de J. C., que ses apôtres nous ont transmise, *que toute puissance vient d'en haut, ou de Dieu*, qu'il faut obéir aux rois et prier Dieu pour eux, qu'il n'y a que les méchans qui les craignent (2).

La preuve la plus certaine que les véritables Français suivent la morale de J. C. dans toute sa pureté, telle qu'elle leur a été transmise par ses apôtres, c'est qu'ils sont bons, qu'ils aiment leurs rois, et qu'ils leur obéissent comme à leurs pères ; au lieu que les autres sectes, surtout celles qui suivent l'abominable doctrine de Knox, disciple de Calvin, sont méchans, parce qu'ils sont dans l'erreur. Ce prêtre apostat, chassé de France pour ses erreurs impies, prêchait en Ecosse « qu'il avait » le droit d'absoudre les sujets du serment de fidélité » qu'ils devaient à leurs rois; qu'il pouvait les dé- » poser ; qu'il était permis, de droit divin et humain, » de tuer les rois impies, et que non-seulement le » peuple, mais même un homme privé, peut tuer un » tyran; » c'est-à-dire, selon lui, *un prince légitime, lorsqu'il s'oppose à la prétendue réformation de l'E-glise* (3).

---

(1) Grég. Turon. lib. v, p. 18. *Loquimur tibi et si volueris audis, si autem nolueris, quis te judicabit nisi ille qui dixit se esse justitiam.*
(2) Epître de Saint-Paul aux Romains, chap. XIII, vers. 1 et suiv. Première épître de Saint-Pierre, chap. 2, vers. 1 et suiv.
(3) Hist. de la réforme de l'Egl. d'Ecosse. Lond., 1644.

C'est en conséquence de cette détestable doctrine que Charles I<sup>er</sup>. fut conduit sur l'échafaud ; que Jacques II, son fils, fut détrôné ; que Louis XVI, qui avait remis à son peuple le droit de son joyeux avènement et déchargé des corvées, fut condamné et conduit sur un échafaud, dans une assemblée qui était la convention, composée de tout ce qu'il y avait de plus méchant, présidée par des Genevois, furieux républicains, ennemis jurés des rois, Roland et Clavier ; d'un Peyne, condamné à être pendu en Angleterre, et réfugié en Amérique ; d'un Anacharsis-Clooz, exilé de la Prusse, etc. etc. C'est dans ce repaire de brigands que le roi de France, le descendant de tant d'illustres ancêtres, qui a tout sacrifié pour ses sujets, le modèle de la vertu, des maris et des pères, fut condamné à expirer sur un échafaud. Il mourut en héros chrétien, en offrant à Dieu la douleur de son auguste famille, les alarmes et les craintes de tous les bons Français. Il fit plus, il pria pour ses bourreaux, afin que Dieu daignât les éclairer. Ainsi expira celui que ces barbares croyaient qui serait le dernier des rois de France. Cette assemblée avait juré dans son délire de renverser tous les trônes de l'Europe, et non - seulement la religion catholique, mais encore toutes les sectes. Pour y parvenir, elle se déclara publiquement athée.

Pitt, chancelier de l'échiquier d'Angleterre, ayant appris cette nouvelle, l'annonça au parlement, et prédit qu'une nation d'athée ne pouvait pas subsister longtems, que les Français avaient sauté à pieds joints audessus de la liberté.

Ces fanatiques, pour venir à bout de leur projet insensé de renverser tous les trônes et de ne former qu'une seule république de l'Europe et même de l'univers, devaient renverser, détruire et fouler aux pieds tout ce que les hommes respectent. Afin de ne laisser aucun frein au peuple, pour commettre toutes les horreurs qu'ils méditaient, ils envoyèrent un de leurs histrions, qu'ils appelaient *sycophante* (1), dans la chaire de Saint-Roch, revêtu d'une aube, avec des rubans

_______________

(1) Menteur et imposteur.

rouges qui formaient des bouffettes aux manches. Là, il dit publiquement au peuple qu'il n'y avait pas de Dieu : « S'il y en a un, qu'il m'écrase ! » Il resta un moment en silence après cet horrible blasphême. Ensuite il crie au peuple : « Vous voyez, citoyens, qu'il n'y a pas de Dieu. » Depuis long-tems le philosophisme, dans les écrits publics, ne cessait de lâcher des pamphlets contre les ministres de la religion.

On commença à abattre les autels et les églises ; on proscrivit la religion ; on voua les prêtres aux poignards, avec peine de mort contre ceux qui en cacheraient chez eux. Jamais persécution ne fut plus cruelle. Ceux qui avaient fui la persécution furent voués à mourir de faim lorsqu'ils rentraient dans leur patrie.

Un des membres de cette déicide et régicide assemblée consigna à la postérité leur projet dans une brochure intitulée *Essai historique et patriotique sur les Arbres de la Liberté* (1). On trouve dans cette petite brochure l'éloge des philosophes, des Genevois, regardés comme les héros des républiques et de la liberté du peuple souverain, qu'on excitait à massacrer les rois et à renverser les trônes (2).

« Quoique le parlement britannique soit vendu à
» l'iniquité, c'est peut-être de son sein même que
» s'échappera le signal d'une révolution nouvelle ; car
» il renferme quelques *philosophes* amis de la vertu et
» des droits du peuple. Ah ! qu'ils ne se découragent
» point ; qu'ils aient une marche intrépide et concen-
» trée ; la massue de la vérité est en leurs mains ; avec
» elle, ils écraseront les brigands de la cour de Saint-
» James, et planteront sur les cadavres sanglans de la
» tyrannie *l'arbre de la liberté*, qui ne peut prospérer
» s'il n'est *arrosé du sang des rois.*

» De toutes parts, à côté du drapeau tricolore,
» s'éleveront des tiges républicaines. Déjà le symbole

(1) L'auteur de cette brochure remplie des plus atroces impertinences est Grégoire, membre de l'infâme convention, prêtre-évêque constitutionnel, qui renouvelle toutes les atrocités du prêtre hérésiarque et apostat Knock. Pir que lui, il fait l'éloge des massacres, et ne parle que de l'idolâtrie, et pas un mot de religion.
(2) Chap. vi, p. 47 et suiv. Elle se trouve chez Desenne, libraire ; Didot, an 11 de la rép.

» de la liberté devient celui de l'union entre les peu-
» ples. Des citoyens français et *génevois*, réunis dans
» une fête, ont décidé que l'arbre de la fraternité cer-
» nerait les limites des deux États (1). Vingt sociétés
» populaires ont arrêté que l'arbre de la liberté serait
» planté sur le Glandosse, une des plus hautes mon-
» tagnes du département de la Drôme, qui a déployé
» une sainte énergie contre le fédéralisme du Midi (2).
    » La destruction d'une bête féroce, la cessation
» d'une peste, *la mort d'un roi*, sont pour l'humanité
» des motifs d'allégresse. Tandis que par des chansons
» triomphales nous célébrons l'époque où *le tyran monte*
» *sur l'échafaud*, l'Anglais avili porte le deuil anniver-
» saire de Charles Ier.; l'Anglais s'incline devant Tibère
» et Séjan; mais la liberté plane sur les montagnes de l'E-
» cosse; les ombres de Sidney, de Pym et de Hampden
» errent autour des défenseurs de l'éternelle justice (3).
    » La *main impure de Capet* avait déshonoré un arbre
» planté dans le jardin National au nom de la liberté
» qu'il voulait assassiner; la convention nationale a
» autorisé les jeunes orphelins des défenseurs de la
» patrie à le renverser, pour lui en substituer un
» autre (4). Tout ce qui est royal ne doit figurer que
» dans les archives du crime (5). »
    C'est dans cette assemblée d'athées, de sacriléges,
d'impies, où l'on trouvera les archives de tous les crimes
les plus atroces; tant il est vrai que lorsque l'homme a
abandonné son Dieu, il tombe de crime en crime, et boit
l'iniquité comme l'eau. Les vrais ministres de la religion,
la noblesse, les riches et tous ceux qui avaient quelques
marques de religion, tombent sous le poignard de ces
assassins. Ils se jouaient de la vie des Français, qu'ils
leur arrachaient pour avoir leurs biens, en disant d'un
ton ironique qu'ils frappaient monnaie. Ces biens, aux-
quels ces malheureux tiennent tant, est bien le véritable *haceldama*, le champ du sang (6). Le hideux

---

(1) Pag. 48.
(2) Id. ibid.
(3) Ibid., pag. 47.
(4) Id., pag. 48.
(5) Ibid., pag. 46.
(6) On a vu des évêques constitutionnels fouler aux pieds toutes

Marat, qui ressemblait à un abcès ambulant, disait, la veille de sa mort, qu'il lui fallait encore quatre-vingt mille têtes, et ce monstre de sang leur fit prodiguer un million pour faire son apothéose. On trouvera dans ses archives non-seulement tous les crimes dont l'histoire fait mention, mais encore tous ceux inconnus à toute l'antiquité. Y en a-t-il un plus énorme que le déicide et le régicide ?

Ces monstres ont dépensé en cinq ans de tems plus de richesses que tous les rois de France depuis Clovis jusqu'à Louis XVI ; tout le bien et le mobilier de la couronne, celui des princes, ceux du clergé, de la noblesse et des riches.

Le peuple français, le plus doux, le plus humain, le plus poli, le plus honnête et le plus hospitalier, qui en 1788 jouissait de la plus grande liberté, dans l'opulence du commerce, l'affluence des étrangers, qui se faisaient un plaisir de venir jouir de leur bonheur ; ce peuple qui aimait ses rois jusqu'à l'adoration, en six mois de tems, démoralisé par ces impies, est devenu un peuple de Cannibales le plus atroce, et est tombé dans la suite dans la plus affreuse misère, n'ayant pour toute ressource que de s'aller faire égorger dans les guerres que leurs conducteurs faisaient à toute l'Europe, pendant le tems qu'on égorgeait les pères et mères dans leur république, et qu'on les faisait mourir de faim. Ils ont épuisé toutes les ressources de la France, jusqu'à vendre les fondations sacrées des pauvres.

Ils singèrent tous les gouvernemens. Ils eurent cinq directeurs, remplacés par trois consuls ; le premier, pour dix ans ; ensuite à vie, et enfin un empereur. Tous ces changemens furent accompagnés de ce qu'ils appelaient révolutions, où périrent plusieurs innocens. Ils ne voulaient que des républiques, et elles furent toutes renversées, et remplacées par des royaumes. L'Europe, épuisée et fatiguée par les brigandages de ce colosse épouvantable, Dieu nous donna l'espérance que la fin de nos maux approchait. Il renouvela les prodiges dont

---

les lois divines et humaines, prêcher le régicide, officier avec le bonnet rouge, se marier, et même divorcer jusqu'à trois fois pour obéir à leur infâme constitution.

les livres sacrés font mention, et même notre histoire. En un instant cette prodigieuse armée, qui semblait aller conquérir l'Europe et l'Asie, fut détruite. Une seconde campagne fut aussi funeste, par l'aveuglement du chef.

Enfin, les prières de saint Louis, de ses descendans et des pieux Français des deux sexes, prosternés jours

---

(1) Après la mort des trois frères, Gennebaut II, Marcomir et Sunnon, Théodomir, plus proche parent des Rois défunts, devait régner. Il était fils de Ricemer, prince franc-salien, consul Romain, connu dans les fastes consulaires sous le nom de *Fluvius Richomères* en 384. Comme ce prince avait été élevé à Rome, et que les Francs détestaient les avocats romains, qui embrouillaient tout par leurs verbiages ampoulés, ils préférèrent leurs usages et leurs coutumes. Les Francs-Saliens prièrent leurs quatre nobles régens, élus d'entre les plus illustres de la nation pour gouverner pendant la vacance du trône, de rédiger par écrit leurs usages et leurs coutumes. « *Dictavit salicam legem per proceres illius gentis, qui tunc temporis aderant rectores electi de pluribus.* ».

Ces grands étaient au nombre de quatre, savoir : *Wisogastus, Bodogustus, Salogustus,* et *Widogastus. Gast*, en langue celte, signifie *comte.* Ces quatre comtes tinrent trois assemblées. « *Per tres mallos.* » La première à la pleine lune de mars 399, à *Salohaim,* c'est Salie, sur les rives de l'Ysel, en Zélande ; la seconde à la pleine lune d'octobre de la même année, à Bodohaïn ; la troisième à la pleine lune de mars 400, à Widohaim, c'est Bodkem et Wideck, sur les bords de la Demer. Les Francs s'assemblaient toujours à la pleine lune, et comptaient par nuit.

Cette régence des nobles *Phara* assemblée pour tant de lunes, *Moon* dicta la loi salique, selon les lois et usages des Saliens. « *Dictavit salicam legem juxta morum suorum qualitatem.* De *Phara* et *Moon*, on ne fit qu'un mot latin *Pharamundus*, qu'on a cru être un personnage, un roi, qui n'a pas plus existé que *Francus.* Il n'est pas question de roi dans cette première rédaction, parce qu'il n'y en avait pas, et que Théodomir était encore à Rome. On voit ici que ce n'est pas le peuple qui a fait cette loi, que ce sont les quatre régens. La seconde rédaction fut faite par Clovis, la troisième par Thierri I, la quatrième par Childebert II et Clotaire II, la cinquième par Dagobert I, pour toutes les nations qui vivaient dans le royaume des rois francs dans celui des Mérowingiens. Il n'est pas question du peuple législateur, il demande des lois à son souverain.

Dans cette loi, il n'y a pas d'amende pour le parricide ni pour le régicide, preuve qu'ils croyaient qu'il ne pouvait pas y en avoir, et que ce crime était inoui parmi eux. C'est qu'ils avaient le bonheur d'ignorer le philosophisme. Mais il y avait une amende de 6 sols, évaluée à 108 liv. de notre monnaie, pour celui qui proférait un mensonge devant le roi. C'est une preuve qu'ils respectaient leur souverain. La loi salique contenait soixante-onze titres divisés en plusieurs articles. C'est à l'article 6 du titre 62, qu'il est dit *que pour ce qui est de la terre salique, que la femme n'ait nulle part à l'héritage, mais que tout aille aux mâles.*

et nuits dans nos temples , furent exaucées ; Dieu fit voir qu'il distribue les sceptres et les couronnes à qui il lui plaît.

## CHAPITRE VIII.

Le philosophisme , réuni aux autres sectes , élevèrent un trône sur le sang de leur roi , des ministres de la ré-ligion de ses ancêtres , des princes , des princesses , des gentilshommes , de la noblesse et des bons Français. Après avoir fait jurer haine à tous les rois ; pour le malheur de la France et de l'Europe , ils y firent monter un étranger à la famille du célèbre Mérovée , par la grande part qu'il eut , vers 450 , à la défaite du fameux Attila ; il rendit son nom et celui de ses Francs redou-tables à toutes les nations. Un de ses descendans, Charles Martel , marcha sur ses traces avec soixante mille Fran-çais : il défit Abderame , général d'Hessam , calife des Sarrasins. Il y perdit la vie en 732 , avec trois cent mille des siens. Ce héros sauva l'Europe de l'invasion de ces barbares. Etranger à saint Louis , un des plus grands rois de la troisième branche, descendue de l'illustre Mé-rovée. En un instant Dieu change le cœur des rois , aveugle l'idole du philosophisme et des sectes , rétablit les Bourbons sur le trône de leurs illustres ancêtres (1).

Français ! ayez confiance en la sagesse de votre au-guste roi ; Dieu le protégera , après l'avoir préservé des mains sacriléges des fanatiques révolutionnaires , et l'avoir rétabli avec tant d'éclat à la vue de l'univers. Adressons nos vœux les plus sincères à ce Dieu de mi-séricorde , qu'il daigne lui accorder la fermeté néces-saire à faire exécuter les lois qu'il nous a données, pour rétablir son héritage dévasté , et qu'il puisse le rendre aussi brillant , son peuple aussi heureux, que son il-lustre frère l'avait laissé aux factieux qui l'ont détruit.

Français ! si vous voulez éviter les malheurs d'où vous sortez, et être heureux, fuyez le philosophisme, dont les sectateurs , sous le hautain prétexte qu'eux seuls sont

_______

(1) Le chef de l'église et tous les Rois chrétiens.

éclairés, vrais et de bonne foi, nous soumettent impérieusement à leurs décisions tranchantes, et prétendent nous donner pour les vrais principes des choses, les inintelligibles systèmes qu'ils ont bâtis dans leur imagination. Du reste, renversant, détruisant, foulant aux pieds tout ce que les hommes respectent (la religion), ils ôtent aux affligés la dernière consolation de leur misère ; aux puissans et aux riches, le seul frein de leurs passions : ils arrachent du fond du cœur les remords du crime, l'espoir de la vertu, et se vantent encore d'être les bienfaiteurs du genre humain. Jamais, disent-ils, la vérité n'est nuisible aux hommes ; c'est la preuve la plus convaincante que ce qu'ils enseignent n'est que mensonge.

Toutes les fois que vous rencontrerez de ces gens faiseurs de constitutions ou de religions, soyez persuadés qu'ils ont le cerveau dérangé. Si vous voulez rendre le plus grand service à l'humanité, c'est de les dénoncer au gouvernement, pour les faire mettre à Charenton, où on leur administrera les douches convenables à leur maladie ; si elle résiste à l'art de la médecine, on les renfermera à Bicêtre, pour éviter la contagion de cette épidémie, qui est bien plus dangereuse que la peste (1).

___

(1) Après que le voluptueux Henri VIII eut détruit la religion de ses pères pour satisfaire ses passions, l'Angleterre fut remplie d'une si prodigieuse quantité de fous, que ce prince fut obligé de faire construire des hôpitaux pour les renfermer.

FIN

De l'Imprimerie de **POULET**, quai des Augustins ; N°. 9.

www.ingramcontent.com/pod-product-compliance
Lightning Source LLC
LaVergne TN
LVHW012315050726
842524LV00004B/1423